AF235881

Glück und Zufriedenheit im Alltag

Wie Sie den verborgenen Weg zu sich selbst finden und endlich wirklich glücklich werden

Stefanie Blumenberg

INHALT

Das finden Sie in diesem Buch

Jeder Mensch wünscht sich ein glückliches, erfülltes Leben. Doch was macht ein glückliches Leben aus? Was kommt Ihnen in den Sinn, wenn Sie versuchen, diese Frage zu beantworten? Viele würden sich wahrscheinlich spontan mehr Geld wünschen.

Doch warum existiert dann der allgemein bekannte Spruch: „Geld macht nicht glücklich"? Was ist es dann, was unserem Leben einen Sinn verleiht? Ist es Erfolg im Beruf, Anerkennung, Liebe? Sind es Kinder? Oder vielleicht von allem ein wenig?

Die meisten Menschen haben bestimmte

Vorstellungen darüber, wie ein zufriedenes Leben sein sollte. Da wir aber nicht nur strahlende Gesichter um uns herum sehen, ist es offensichtlich gar nicht so einfach, seine Lebensumstände so zu verändern, dass man wunschlos glücklich ist.

In diesem Buch erfahren Sie, dass es für jeden möglich ist, sein Wohlbefinden zu steigern. Sie finden hier Ideen und Tricks für die Gestaltung Ihres Alltags, Ihrer Umgebung und Ihrer Gefühlswelt, Ratschläge, mit deren Hilfe Sie schwierige Situationen meistern, gestellte Ziele erreichen und zu guter Letzt eine Reihe Tipps, wie Sie Ihr Selbstwertgefühl steigern.

Viel Spaß beim Lesen!

Unglücklich? Wie entsteht dieses Gefühl?

Es gibt unzählige Gründe fürs Unglücklich-Sein. Der Geldmangel, schwächelnde Gesundheit, Stress im Alltag beziehungsweise am Arbeitsplatz, Mobbing, Einsamkeit, Anfeindungen anderer. In Sachen Gesundheit kann ich hier nur bedingt Ratschläge erteilen. Jedoch auf andere Ursachen möchte ich auf diesen Seiten nach und nach eingehen.

Wie sieht es mit Traumata aus, die uns von unseren Eltern (für gewöhnlich unabsichtlich) zugefügt wurden? Was in unserer Kindheit passiert, ist für unser

ganzes Leben prägend. Deswegen werden in einer Psy-
chotherapie meistens traumatische Erlebnisse der
Kindheit behandelt. Eine sehr große Rolle spielen dabei
natürlich unsere Eltern. Nach allem, was ich in meinem
Leben an psychologischen Publikationen gelesen habe
und bei meinen Mitmenschen beobachten konnte, bin
ich der Meinung, dass kein einziges Kind seine Kindheit ohne bleibende Schäden übersteht. Selbst bei den
besten Eltern. Erschreckend, nicht wahr?

Doch so schlimm ist es für gewöhnlich nicht.
Größtenteils lassen sich die Folgen negativer Kind-
heitserfahrungen weitgehend beseitigen. Abgesehen
von üblen Misshandlungen (wir reden ja gerade über
ungewollt verursachte Traumata) ist der Hauptgrund
von mangelndem Selbstbewusstsein, Ängsten bis hin
zu Verhaltensstörungen, dass unsere Eltern es leider
nicht geschafft haben, unsere Grundbedürfnisse zu erfüllen. Es gibt körperliche (Bedürfnis nach Essen, Trin-
ken, Schlaf etc.) und psychische Grundbedürfnisse
(nach Zuwendung, Sicherheit, Selbstverwirklichung
und viele andere). Werden körperliche Bedürfnisse
nicht erfüllt, reagiert unser Körper darauf schnell mit
eindeutigen Signalen, wie Bauchschmerzen bei Hunger, Gänsehaut und Zittern bei Kälte und Müdigkeit,
wenn wir zu wenig geschlafen haben. Die Zeichen für

nicht erfüllte psychologische Bedürfnisse treten in der Regel nicht sofort auf und sind nicht so leicht zu erkennen. Daher können sie mehr schlecht als recht erfüllt werden.

Das Bedürfnis nach Zuneigung dient in erster Linie dazu, sicherzustellen, dass körperliche Verlangen befriedigt werden. Ein Wesen, das geliebt wird, wird gefüttert und umsorgt. Indem ein Kind unsere Aufmerksamkeit einfordert, sichert es sein Überleben. Dann wird durch das Gefühl, geliebt zu werden, schließlich auch das Selbstwertgefühl gestärkt. Fehlende Zuneigung in der Kindheit ist übrigens der meist genannte Grund für spätere psychische Störungen.

Warum die Nicht-Erfüllung unserer Grundbedürfnisse vor allem in der Kindheit so weitreichende Folgen hat, liegt hauptsächlich daran, dass wir als Kinder uns nicht selbst versorgen können und auf die Hilfe Erwachsener angewiesen sind. Dadurch fühlen wir uns ohnmächtig, weniger wert und häufig sogar ungeliebt, denn leider schaffen es viele Eltern nicht, ihren Kindern glaubhaft zu vermitteln, dass sie sie lieben. Solche Kinder könnten Bindungsstörungen entwickeln, Schwierigkeiten haben, Harmonie in ihre Beziehung zu bringen, und reichen diese psychische Last oft an ihre eigenen Kinder weiter.

Was in der Kindheit passiert, soll in der Kindheit bleiben

Eventuell haben Sie sich in den obigen Ausführungen selbst erkannt. Was nun? Wir sind erwachsen und für unser Leben sind nur wir verantwortlich. Nur in seltenen Fällen kann man tatsächlich nichts dafür, welche Wendung es genommen hat, dennoch kann man auch dann immer das in dieser Situation möglichst Beste daraus machen.

Früher rieten Psychologen, über Ihr Problem zu reden, vielleicht auch Gründe für das Verhalten des einen oder des anderen zu finden (zum Beispiel: Die Eltern haben es nicht beabsichtigt; der Mobber ist in der Wirklichkeit noch ärmer dran als Sie, weil er aus mangelndem Selbstwertgefühl gehandelt hat) und das Erlebte auf diesem Wege zu verarbeiten, um anschließend loszulassen (!). Weshalb ich ein Ausrufezeichen gestellt habe ... Haben Sie schon versucht, ein traumatisierendes Erlebnis einfach mal loszulassen? Haben Sie es auch geschafft?

95 Prozent würden an dieser Stelle aus gutem Grund „nein" sagen. Von den verbliebenen fünf Prozent sind es meiner Meinung nach vier, die sich eben selbst belogen haben. Und nur einem Prozent ist es wirklich gelungen, mit ihren Problemen restlos abzuschließen. Wieso?

Weil Sie mit einem Problem nicht abschließen können, wenn dessen Folgen Ihnen bis heute noch immer und immer wieder Leid verursachen. Heutzutage weiß der Großteil von Psychoanalytikern, dass man mehr machen muss. Ist das Selbstwertgefühl im Keller – tut man alles, um es da rauszuholen, hat man Bindungsstörungen oder Ängste entwickelt –, gibt es Eheberatungen und gute Therapien, um damit fertigzuwerden. Sie müssen also etwas aktiv gegen die Folgen Ihrer Traumata tun.

Weitere Ursache: Stress, beruflicher Alltag

In unserer leistungsorientierten Gesellschaft ist Stress ein fester Bestandteil unseres Alltags geworden. Um ihn zu minimieren, könnten Sie zum Beispiel Präferenzen bilden und der Wichtigkeit nach Ihre Aufgaben erledigen.

Ratsam wäre hier sogar, auf das Erledigen von weniger notwendigen Pflichten völlig zu verzichten und sich lieber ein wenig Freiraum und Zeit zum Entspannen zu schaffen. Erst dann haben wir wieder genug

Energie und schaffen bestimmt mehr in der gleichen Zeit wie davor, als wir in diesem Teufelskreis gefangen waren. Denn Überlastung, Suche nach Auswegen und Verzweiflung verlangen von uns mehr Energie und Zeit, als wenn wir an unsere alltäglichen Aufgaben erholt und mit klarem Kopf herantreten. Überdies könnte Stress entstehen, wenn uns andere Menschen in der Arbeit oder in privater Umgebung das Leben schwer machen.

Auch wenn ich gleich auf das Mobbing in der Arbeit und Wege, dem entgegenzuwirken, detaillierter eingehen werde, sind meine Erklärungen und Ratschläge genauso gut im privaten Umfeld geltend.

Werden Sie also gemobbt, hilft es manchmal, darauf nicht zu reagieren und die Angriffe ins Leere laufen zu lassen.

Der Vergleich ist zwar lustig, aber teilweise geht es unter Menschen wirklich zu wie in der Tierwelt: Wer Schwäche zeigt, wird gefressen. Oft ist es nur der Neue, der ausgegrenzt oder schlecht behandelt wird. Man müsste nur eine Zeit lang durchhalten. Zeigt man der Gemeinschaft, dass man verletzlich ist, könnte Mobbing länger andauern oder schlimmer werden, weil es Wirkung zeigt und die Mobber somit ein Erfolgserlebnis haben. Wer aber selbstbewusst auftritt und ruhig bleibt, wird irgendwann uninteressant und manchmal erlangt man sogar mit solcher Haltung den Respekt dieser Menschen. Das war jedoch das harmloseste Szenario.

Gründe für Mobbing und dessen Schweregrade gibt es viele. Am häufigsten findet sich in einer Schulklasse oder in einem Großraumbüro eine narzisstische Persönlichkeit, die ihr Selbstwertgefühl auf Kosten der anderen stärkt. Oder es sind welche, die Sie als Konkurrenz ansehen bzw. Ihnen Ihre Fähigkeiten, Stellung etc. neiden und Sie mit Mobbing zur Kündigung zwingen wollen.

Hier hilft es kaum, sich mit der Situation abzufinden, denn die Pöbelei endet erst, wenn das Ziel erreicht ist – nämlich, wenn Sie gehen. Wenn Sie gemobbt werden, sollten Sie sich trauen und sich dagegen wehren. Trifft man auf kontinuierliche Gehässigkeit, ist es sogar besser, unvermittelt scharf zu reagieren. Meistens lassen dann die Störenfriede von einem ab. Denn um sich besser zu fühlen, brauchen sie ein Opfer. Ein Opfer, das sich wehrt, kostet aber viel Energie und erhöht die Gefahr, dass im Endeffekt der Störenfried selbst mehr einstecken müsste, als er ertragen könnte. Zu unterscheiden wäre allerdings zwischen einer privaten und einer beruflichen Situation. Bei der privaten kommt es lediglich darauf an, ob Ihnen der Kontakt zu dieser Person wichtig ist – hier würde ich sagen, Sie sollten solche Personen von sich distanzieren. Im beruflichen Umfeld kommt logischerweise die Überlegung hinzu, ob es berufliche Konsequenzen nach sich ziehen würde.

Die Angriffe sollten auf jeden Fall unterbunden werden. Hier muss man allerdings besonnen vorgehen. Ist der Mobber der eigene Chef, würde ich den Arbeitsplatz wechseln, wenn eine Aussprache mit ihm nichts gebracht hat. Um in einer verbalen Auseinandersetzung mit Kollegen zu bestehen, sollten Sie folgende Punkte beachten:

- Nehmen Sie Ihrem Gegenüber den Wind aus den Segeln. Optimaler Zeitpunkt wäre dafür gleich der Anfang des Gesprächs. Sie könnten Folgendes tun: Sobald die Gegenseite mit ihrer Tirade anfängt, fragen Sie etwas, was mit dem gerade angefangenen Thema nichts zu tun hat. Idealerweise sollte es um die Arbeit gehen. Noch besser: Wenn Sie mit Sicherheit wissen, dass sein/ihr Vorgesetzter oder ein Kunde von Ihrem Gegenüber etwas erwartet, was dieser aber noch nicht erledigt hat, erinnern Sie ihn daran auf nette Art und Weise, ohne es als Vorwurf oder Schadenfreude klingen zu lassen.

- Behalten Sie Ruhe und werden nicht ausfallend oder beleidigend, denn damit würden Sie zeigen, dass der Gegner Sie in die Ecke gedrängt hat. Ihr Gegner muss nicht unbedingt hochintelligent sein, um das zu erkennen. Das passiert meist auf der intuitiven Ebene. Dann weiß er, dass seine Angriffe fruchten und er gewonnen hat.

- Argumentieren Sie und behalten Sie Ihren Kopf oben. Dafür benötigt man gutes Fachwissen, wenn Vorwürfe aufgrund Ihrer Arbeitsweise entstehen, und Disziplin, alle Ihre Aufgaben zu erledigen, damit Ihrem Angreifer kein (weiterer) Grund für Kritik geliefert wird. Gute Vorbereitung im Vorfeld und Kenntnisse über die betreffende Person wären auch von Vorteil.

- Wenn Ihr Gegenüber zu persönlich wird (ob ihn nun Ihr Aussehen, Herkunft oder womöglich Ihr Handicap stört, ist egal), lächeln Sie und entspannen Sie sich. Das bedeutet, ihm sind die Argumente ausgegangen. Wenn es von Anfang an keine Argumente gegeben hat, sondern nur Angriffe unter der Gürtellinie, können Sie aufatmen, denn sein Verhalten hat überhaupt nichts mit Ihnen zu tun. Solche Attacken kommen bekanntermaßen von beschränkten Naturen, die ihre Unzufriedenheit mit sich selbst in Aggressivität gegenüber anderen äußern. Das primitive Bedürfnis, um sich herum zu schlagen, wird von solchen Individuen aufgrund der kulturellen Entwicklung unserer Gesellschaft durch verbale Angriffe ersetzt.

Im Endeffekt läuft trotzdem alles darauf hinaus, dass Sie Ihr Selbstwertgefühl steigern sollten. Meiner Meinung nach liegt die Ursache der meisten Schwierigkeiten darin, dass wir uns selbst nicht wertvoll oder gut genug erscheinen, weshalb wir uns nicht trauen, bestimmte Schritte in Richtung Besserung zu unternehmen. Genau aus diesem Grund wird das Kapitel „Selbstwertgefühl" das letzte in diesem Buch sein.

Sieg oder Niederlage?

Hochs und Tiefs haben ausnahmslos alle Menschen. Entscheidend ist, ob Sie als Sieger oder Verlierer aus schwierigen Lebenssituationen hervorgehen. Das bestimmen Sie!

Abgesehen von nur wenigen, die starke körperliche Leiden ertragen müssen, nicht viel daran ändern können und die tatsächlich ein Recht hätten, ihr Leben nicht mehr als lebenswert zu bezeichnen, haben die meisten von uns sehr wohl Wege und Chancen, ihr Dasein bestmöglich zu gestalten. Hier passt eine Geschichte aus meiner Jugend:

Als Kind war ich ein unscheinbares Mädchen, wurde von meinen Eltern mit dem Lernen sowie der Arbeit im Haus, Garten und im Stall so ausgelastet, dass ich nur wenig Zeit hatte, mit Freunden zu spielen und kaum Erfahrung im sozialen Umgang hatte. Solange ich auf der Mittelschule war, ging alles gut, denn meine Mitschüler kannten mich von klein auf.

Diejenigen, die mich nicht so lange kannten, waren zu mir trotzdem nett, weil sie dann jemanden hatten, bei dem sie abschreiben konnten. Später auf dem privaten Gymnasium unter reichen Kids hatte ich nicht den Biss, mich durchzusetzen. Jetzt, wo ich daran denke, kommt mir ein Bild ins Gedächtnis: Im Eingangsbereich unseres Hauses vor dem großen Spiegel steht eine Vase und daneben eine Schere.

Das Erste, was ich an den meisten Tage machen musste, war mit dieser Schere Kaugummis aus meinen Haaren zu schneiden. Die Vase war ein improvisierter Mülleimer. Mit 15 Jahren war ich einmal kurz davor, mich umzubringen, weil ich mal wieder in der Schule gemobbt wurde. Eigentlich war es nicht so schlimm, wie es an manchen anderen Tagen sonst zuging. Das Problem war: Es war der Weltfrauentag, der achte März (tja, noch eine Bestätigung der Theorie, dass die Selbstmordrate an Feiertagen am höchsten ist), und ich hatte erwartet, dass Jungs aus unserer Klasse mir wie allen anderen Mädchen gratulieren und eine Kleinigkeit schenken würden ... die Enttäuschung war sehr groß. Ich war zutiefst verletzt und die verachtenden Blicke haben meinem Lebensmut den letzten Dolchstoß verpasst.

Nun stehe ich vor dieser Baustelle – ein Hochhaus, nicht wirklich abgesichert – und bin bereit, da hochzusteigen und zu springen. In diesem Moment sehe ich den Bus, der bis zu der Nachbarstadt fährt, wo mein älterer Bruder mit seiner Familie lebt. Wie schön es wäre, ihn zu sehen. Er hat es immer hingekriegt, dass ich mich besser fühlte.

Da kam mir ein Gedanke: „Warum will ich mich wegen diesen ... umbringen. Ich bin was Besseres, ich werde es allen zeigen!" Dann habe ich mir selbst eine schön duftende Rose gekauft und bin mit dem nächsten Bus zu meinem Bruder gefahren. Die nächsten Tage habe ich die Schule geschwänzt. Zwar habe ich später Ärger deswegen bekommen, aber genau an den Tagen einen großen Nutzen für mein Selbstbefinden gezogen und die besten Entscheidungen für mein Leben getroffen. Ich tat nur das, was mir gefiel. Da ich mich vormittags aber auch verstecken musste (immerhin die Schule geschwänzt), saß ich oft in der

Stadtbibliothek und habe für mich Sprachen, Psychologie und Medizin entdeckt, in denen ich mich viele Jahre darauf weiterbildete und noch heute davon profitiere. Letztendlich hat mir dieser achte März viel Gutes gebracht: An dem Tag habe ich entschieden, dass kein Mensch es wert ist, sich umzubringen.

Ein paar Mal in meinem Leben kehrte ich zu diesem Gedanken zurück, konnte mich wieder aufrappeln und weitermachen. Außerdem hat die angestaute Wut mir die Kraft gegeben, den Drangsalierern Kontra zu geben. Auch bei kleinsten Andeutungen einer Attacke haben diese ... (denken Sie sich eine Bezeichnung aus) einiges zu hören bekommen, sodass ich in Ruhe gelassen wurde.

Warum habe ich diese Geschichte erzählt? Weil für mich dieser Tag ein entscheidender Wendepunkt in meinem Leben war und ich viele Lektionen daraus gelernt habe. Diese Erfahrung war für viele Entscheidungen in meinem Leben ausschlaggebend und genau das möchte ich in diesem Buch an Sie weitergeben. Wie machen Sie Ihr Leben schöner?

Erwarte nichts und Du wirst nicht enttäuscht?

Weshalb fühlte ich mich an dem besagten Tag so viel schlechter, obwohl eigentlich keine Angriffe stattgefunden haben? Klar, der zuvor ausgehaltene Terror hat seine Spuren im Gemüt hinterlassen. Den Rest habe ich mir laut meiner Psychologin selbst angetan, indem ich bestimmte Erwartungen an meine Mitschüler hatte. Oft höre ich die Weisheit „Erwarte nichts und Du wirst nicht enttäuscht." So mancher würde sagen, es sei eine vernünftige Einstellung. Im Grunde ja und danach zu leben, würde viel Ärger ersparen. Nur ist es leichter gesagt als getan ... Meine erste Reaktion auf diesen Spruch war aber: Nichts zu erwarten, ist für einen denkenden Menschen unnatürlich!

Das hat was mit unserem Denkmuster zu tun: Wir analysieren unsere gewohnte Umgebung, Reaktionen oder Aussagen unserer Mitmenschen und erstellen daraus unsere „Tagesprognose". Das passiert meistens sogar automatisch. Welche unverheiratete Frau denkt nicht sofort an einen Verlobungsring, wenn ihr Auserwählter ihr eine kleine hübsch geschmückte Schachtel hinhält? Nicht alle haben die ganze Zeit davor insgeheim auf einen Heiratsantrag gehofft.

Es ist einfach das von uns schon oft im Alltag oder im Fernseher beobachtete und verinnerlichte Muster, das diese Erwartung hervorruft. Genauso macht es bei uns im Kopf Klick, wenn wir wissen, dass heute Weihnachten, Weltfrauentag, Muttertag oder unser Geburtstag ist. Seit unserer Kindheit wurden wir durch die Gesellschaft auf diese Gebräuche konditioniert und das für den jeweiligen Tag übliche Szenario spielt sich in unserem Kopf ab, ganz oder fast ohne unser Zutun. Genauso normal ist es, ein Dankeschön oder andere Art der Anerkennung zu erwarten, wenn man jemandem etwas Gutes getan hat – nicht, weil wir viel zu viel wollen, sondern weil es einfach eine gesellschaftliche Norm ist.

Mag sein, dass ich mir mit dieser unorthodoxen Meinung keine Freunde mache. Zum richtigen Verständnis möchte ich aber sagen, dass es hier um Erwartungen im Rahmen des Normalen geht. Ich finde zum Beispiel nicht, dass es angebracht ist, wenn eine junge Frau von ihrem Verehrer ein Auto als Geschenk zum Jahrestag ihrer Beziehung erwartet oder Ähnliches. Hier geht es darum, dass wir unsere Erwartungen nicht abstellen können und uns deshalb nichts vorwerfen bzw. nichts vorwerfen lassen sollten.

Habe ich also zu hohe Erwartungen an meine Klassenkameraden gehabt? Tja, auch wenn Sie gleich den Wunsch verspüren, mich in Kommentaren zu diesem Buch zu zerfleischen, würde ich trotzdem behaupten, dass meine Erwartungen völlig gerechtfertigt waren. Mich hat eher die Aussage dieser Psychologin gewundert. Auch ihre Reaktion auf meine andere Erzählung hat mich verblüfft:

Als mein Mann und ich uns überlegt haben, wo wir leben werden, hat mir meine Schwiegermutter ein altes Haus 1) mit Fenstern auf der Nord- und Westseite und 2) direkt an einer viel befahrenen Straße gezeigt.

Auf meine Benennung von diesen zwei großen Nachteilen erwiderte sie: "Du hast aber Ansprüche!" Als ich im Gespräch mit meiner Psychologin äußerte, dass man Ansprüche sehr wohl haben sollte, widersprach sie mir.

Nun, welche Meinung ich mir über die fachliche Kompetenz dieser Psychologin gebildet habe, können Sie sich bestimmt denken.

Ich sage: Man sollte Ansprüche und Erwartungen sowohl an sich selbst als auch an seine Umgebung haben. Im Punkt Ansprüche an sich selbst ist es einleuchtend und Psychologen würden mir bestimmt zustimmen – man sollte Ziele haben und alles, was man anpackt, auch anständig erledigen. Erstens, es gibt uns einen Grund, stolz auf uns selbst zu sein. Zweitens, nur so entwickelt man sich.

Wie sieht es aber aus mit unserer Umgebung?

Kehren wir zurück zu dem Beispiel mit dem Haus. Hätte ich meinen Mund gehalten, wie man es von mir erwartet hätte (siehe da und schon sind wir wieder bei Erwartungen an jemanden!), wären wir in dieses Haus gezogen. In einem düsteren Haus, wo die Sonne nur kurze Zeit am Vormittag hineinscheint und wo man wegen des Straßenlärms und des Staubs nicht gern Fenster aufmacht, wäre ich unglücklich. Wenn

Menschen unglücklich sind, können sie nicht die Menschen um sich herum glücklich machen. Das bedeutet, ich hätte früher oder später diese Unzufriedenheit auf unsere Beziehung übertragen.

Haben Sie schon mal jemanden sagen hören: „Ich bin glücklich, weil ich mich mit den unangenehmen Umständen abgefunden und mich dem Willen meines Schwiegermonsters gefügt habe."? Wohl kaum.

Wir nehmen uns in der Regel auch nicht den Erstbesten als Lebenspartner. Wir suchen nach diesen, die uns glücklich machen. Selbst dann passen die Liebenden nicht perfekt zusammen, sondern passen sich aneinander an. Und wie passiert das? Indem jeder Partner seine Erwartungen an den anderen äußert! Nach diesen Punkten entscheidet jeder für sich, ob ihm diese Beziehung es wert ist, dies oder das zu ändern bzw. einen Kompromiss einzugehen.

Denken Sie in erster Linie daran, was Sie glücklich macht. Das ist nicht egoistisch – das ist lebensnotwendig. Und wenn Sie glücklich sind, werden Sie auch für Ihre Liebsten besser sorgen können.

Geteiltes Leid ist halbes Leid

Für das persönliche Wohlbefinden sind Freunde, Verwandte und andere Sie liebende, unterstützende oder einfach nur zuhörende Menschen sehr wichtig. Wenn wir etwas Traumatisierendes erlebt haben, müssen wir das verarbeiten. Beistand anderer erleichtert uns diese Aufgabe, er stärkt uns, zeigt uns, dass wir nicht allein die Probleme dieser Welt überwinden müssen.

Wussten Sie, dass andauernde Einsamkeit krank machen kann? Geliebte Menschen, ob Freunde, Bekannte oder Lebenspartner, tragen viel zum Wohlbefinden eines Menschen bei. Eine Studie der Brigham

Young University hat gezeigt, dass soziale Kontakte sowohl körperliche als auch psychische Gesundheit fördern, unabhängig davon, ob die Person allein oder in einer Familie lebt, ob es ältere oder jüngere Menschen sind.

Wenn man eine Depression hat oder körperlich erkrankt, kriegt man Ratschläge wie: "Ernähre Dich gesund", "treib mehr Sport", "hör auf zu rauchen/trinken etc." Kaum jemand kommt auf die Idee zu empfehlen, sich Freunde anzuschaffen. Dabei ist es nicht weniger wichtig als die anderen Schritte.

Sie haben höchstwahrscheinlich selbst schon die Erfahrung gemacht, dass es einem besser geht, nachdem man seinen Kummer von der Seele geredet hat. Freunde und geliebte Menschen hören uns zu, motivieren und ermutigen uns, geben uns das Gefühl von Sicherheit beziehungsweise trösten uns. Ja, oft genügt sogar ihre bloße Anwesenheit. Menschen sind nicht dazu geschaffen, allein zu sein. Für manche introvertierte Persönlichkeiten tut es auch ein oder mehrere Haustiere, um ihre sozialen Bedürfnisse zu erfüllen. Selbst wenn man Schwierigkeiten hat, Freunde in seinem direkten Umfeld zu finden, ermöglicht es einem die digitale Welt, Kontakt zu anderen herzustellen. Das Gute dabei ist, dass man sich online vollkommen unerkannt bewegen kann. Man kann sich in einem Forum auskotzen und niemand aus dem näheren Bekanntenkreis zeigt mit dem Finger auf Sie.

Nutzen Sie diese Möglichkeiten, um Ihr Wohlbefinden zu steigern. Selbstverständlich sollte man seinem seelischen Heil nicht auf Kosten der anderen verhelfen. Wenn Sie merken, dass es Ihnen vor allem dann besser geht, wenn Sie jemanden "zur Schnecke gemacht haben", ist es ein Zeichen für mangelndes Selbstwertgefühl. Also sollten Sie bis zum Ende des Buches „durchhalten", um zu erfahren, was man dagegen alles machen kann!

Wenn andere Sie verurteilen

Kam es schon mal vor, dass Ihre Pläne und Bemühungen von Ihren Freunden, Verwandten oder Bekannten kritisiert wurden? Haben Sie schon mal auf eine Möglichkeit, Ihren Träumen näher zu kommen, verzichtet, weil Sie Angst hatten, dass andere es nicht gutheißen werden? Die Ehrlichen unter meinen Lesern werden an dieser Stelle „ja" sagen.

Auch wenn man volljährig und von zuhause ausgezogen ist, versuchen leider viele Eltern oder auch einige Freunde, uns ihre Vorstellungen von Richtig und Falsch aufzuzwingen. Oder wir sind in einer Umgebung aufgewachsen, wo sehr viel Wert darauf gelegt wird, wie wir nach außen hin wirken und was man über uns denken könnte. Von der ohnehin zu kurzen Zeit, die wir existieren, ziehen Sie die frühe Kindheit ab, wo wir nicht wirklich unser Leben bewusst erleben. Dann die Pubertät, in der wir schon etwas erarbeiten können, dennoch abhängig von unseren Eltern sind und in unseren Entscheidungen und Möglichkeiten begrenzt.

Ebenso können Sie das hohe Alter vergessen – geplagt von körperlichen Gebrechen, einige leider auch nicht mehr klar im Kopf ... Sie kommen auf ungefähr zwei Drittel unseres gesamten Lebens (etwa 50 - 60 Jahre), in denen wir aktiv etwas zur Verwirklichung unserer Träume beitragen können.

Menschen in den Siebzigern und älter, mit denen ich mal gesprochen habe, haben selten nichts zu bereuen gehabt. Sie sagten: "Ich habe dies und das nicht unternommen, um meine Freunde nicht zu enttäuschen oder um nicht der Gegenstand des nächsten nachbarschaftlichen Klatsch' zu werden. Und jetzt? Der eine Freund, der mir von damals geblieben ist, hätte mich sowieso in allem unterstützt. Andere sind es im Nachhinein nicht wert gewesen ihretwegen auf etwas zu verzichten. Wo sind diese Nachbarn und Freunde jetzt? Sie würden heute nicht mehr daran denken, was ich mich damals getraut hätte. Dafür bin ich jetzt derjenige, der sich selbst um diese Chance gebracht hat."

Es gibt nur wenige Menschen, deren Meinung mich interessieren würde, jedoch würde mich das nicht davon abhalten, etwas ihrer Ansicht nach Verrücktes zu tun, wenn ich selbst davon überzeugt bin, dass das mein Leben bereichern würde. Die einzigen Menschen, auf die ich bei meiner Entscheidung Rücksicht nehme, sind mein geliebter Ehemann und meine heiß geliebten Kinder.

Ob es nun der Wunsch ist, mit dem Fallschirm zu springen, weil Sie ein Mensch sind, der Nervenkitzel braucht, um glücklich zu sein. Oder Sie entscheiden sich für einen Berufswechsel. Es ist IHR Leben – machen Sie das Beste daraus und pfeifen Sie auf die Meinung anderer. Tun Sie alles, damit Sie am Ende sagen können: Mein Leben ist lebenswert!

Und natürlich wäre es nicht so spannend ohne eine weitere provokative Behauptung von mir: Sie hätten dieses Kapitel überspringen können, denn die Lösung dieses Problems ist schlicht und einfach: SELBSTWERTGEFÜHL!!! Wenn Sie ein gesundes Selbstvertrauen haben, interessiert die Meinung anderer Sie überhaupt nicht und Sie sind ohnehin auf gutem Weg, sich zu verwirklichen.

Vergessen Sie die Fehler der Vergangenheit

Wir sind alle nicht fehlerfrei. Manche Herausforderungen meistern wir mit Bravour, manche wiederum nicht oder treten dabei zuweilen in ein Fettnäpfchen. Das ist an sich in den meisten Fällen nicht weiter schlimm, wenn da nicht unsere Neigung wäre, immer wieder an diese Momente zurückzudenken und uns darüber zu ärgern. Nur allzu oft werden auf psychologischen Seiten solche abgedroschenen Weisheiten gebracht wie: "Wer in der Vergangenheit lebt, verschläft die Gegenwart" oder Ähnliches. Das beruhigt einen aber nicht wirklich und was vor allem wichtig ist – das zeigt Ihnen nicht den Ausweg.

In den früheren Epochen der Menschengeschichte, teilweise noch heutzutage, könnten Fehler lebensgefährlich sein. Damit wir daraus lernen und uns nicht wieder in Gefahr bringen, wurden wir mit ausgezeichneten Fähigkeiten ausgestattet: Gedächtnis und analytisches Denken.

Allerdings zweckentfremden wir diese Fähigkeiten und statt aus den Fehlern zu lernen, wie man es in der Zukunft NICHT macht, denken wir immer wieder an diese Vorkommnisse zurück und ärgern uns über unsere Fehltritte. Also, statt uns weiter zu entwickeln, treten wir immer wieder auf der Stelle.

Wenn auch Sie sich mal dabei ertappen, die Vergangenheit immer und immer wieder "durchzukauen", erinnern Sie sich an die ursprüngliche Funktion dieser Bereiche unseres Gehirns. Spielen Sie die Situation anders ab. Und zwar so, wie Sie sich in dem Moment gern verhalten hätten und merken sich genau diese Variante des Geschehens! Jetzt würden Sie vielleicht protestieren: "Was will sie mir hier einreden? Dass ich mich selbst überzeuge, in dieser Situation richtig gehandelt zu haben? Mich also selbst belüge?" Das ist gar nicht meine Absicht! Es hat wiederum lediglich mit der Funktion unseres Gehirns zu tun. Wenn wir spontan reagieren müssen, was zum Beispiel bei einer verbalen Auseinandersetzung der Fall ist, greift unser Hirn auf bereits abgespeicherte Verhaltensmuster beziehungsweise Floskeln zurück. Gehen wir im Gedächtnis immer wieder unsere Missgeschicke durch, speichert sich in unserem Kopf nicht "das ist falsch, so darfst Du das nicht tun!" – unser Gehirn ist nicht fähig, das "nicht" ins Programm einzubauen.

Ein Beispiel: Stellen Sie sich bitte vor, hinter Ihnen steht nicht ein pinkfarbener Affe und er hat nicht eine weiß-blau gestreifte Katze auf dem Kopf ...

Na? Wetten wir, auch trotz des "nicht" hatten Sie für einen Moment genau diese komische Tierkombination vor Ihren Augen! So ist es auch mit allem anderen.

Selbst wenn Sie in einer ähnlichen Lage es schaffen, daran zu denken, nicht wieder das Falsche zu tun oder zu sagen, ist die Zeit für gewöhnlich zu knapp, um sich zu überlegen, welche Reaktion perfekt wäre. Ihr Verstand braucht fertiges Schema, um zu handeln. Dabei reicht es nicht, zu sagen: "Ich hätte so und so antworten/tun sollen." Das "hätte" ist genauso ein

Störenfried in unserem Köpfchen wie das "nicht".

Denken Sie an einen Film, den Sie zuletzt gesehen haben. Was passiert? Ihr Gedächtnis zeigt Ihnen sofort eine Szene daraus, und zwar so, wie Sie sie gesehen haben. Versuchen Sie, sich jetzt an eine Handlung in diesem Film zu erinnern, die Ihnen weniger gefallen hat. Was hätten SIE anstelle der Filmfigur anders gemacht?

Wenn ich Sie jetzt bitte, sich diese Szene nochmal vor Ihrem inneren Auge Revue passieren zu lassen ... Ich bin mir ziemlich sicher, dass Sie wieder nur das gesehen haben, wie es im Film abgelaufen ist. Und wenn Sie mir einen Schritt voraus waren, haben Sie versucht, Ihre Änderungen gleich mit einzubauen und ... sind ab da ins Straucheln geraten. Wie kommt das? Weil unser Gehirn mehr braucht als nur eine Anmerkung "hier wäre dies oder das besser". Es muss deutlich definiert sein, inklusive anschließender Ereignisse. Wir müssen uns die ganze Situation mit der korrekten Reaktion vorstellen und sie bis zum Ende durchspielen und das mehrfach, sodass wir diese Erinnerung für uns überschreiben. DANN greift unser Verstand in ähnlichen Umständen auf diese Programmierung zu. Als angenehmer Nebeneffekt steigt Ihr Selbstwertgefühl, denn der begangene Fehltritt verblasst in Ihrer Erinnerung.

Tun Sie es anders!

Hatten Sie schon mal das Gefühl, trotz großen Bemühungen nicht voranzukommen? Vielleicht werden Sie an Ihrem Arbeitsplatz immer übergangen, wenn es um die Beförderung geht? Oder Sie versuchen schon seit Langem, mittels Aussprache oder Hilfeangeboten einen besseren Draht zu Ihrer Schwiegermutter oder Schwägerin zu finden und werden trotz bester Absichten immer abgeblockt?

Damit sind Sie in guter Gesellschaft. Aber was liegt solchen Problemen zugrunde? Irgendwas müssen wir doch falsch machen. Hat nicht Albert Einstein mal gesagt: „Wahnsinn ist, immer wieder das Gleiche zu tun und andere Ergebnisse zu erwarten."? Im Grunde ist die Lösung einfach: Sie müssen sich etwas ganz anderes überlegen, um an Ihr Ziel zu kommen. Waren Sie immer sehr fleißig in Ihrem Job, haben (womöglich sogar unbezahlte) Überstunden geleistet beziehungsweise Ihre Arbeit mit nach Hause genommen und Ihre Freizeit dafür geopfert, in der Hoffnung, endlich befördert zu werden? Dann versuchen Sie ab jetzt genau das Gegenteil. Will Ihr Vorgesetzter von Ihnen, dass Sie nach Ablauf Ihrer geregelten Arbeitszeit noch bleiben, sagen Sie, dass Sie einen unaufschiebbaren Termin haben oder fragen Sie nach einer entsprechenden Entlohnung für die Überstunden.

Ihre Freizeit, die Sie früher Ihrem Chef geschenkt haben, nutzen Sie lieber dafür, sich zu entspannen oder angenehme Momente mit Ihrer Familie zu verbringen. Wenn Sie nicht mehr gehetzt und abgespannt ausschauen, sondern entspannt und voller Elan, wird Ihr Chef Sie mit anderen Augen ansehen. Kann sein, dass er Sie deshalb nicht befördert hat, weil Sie vor Überlastung den Eindruck machen, als ob Sie kurz vorm Zusammenbrechen sind. Oder vermisst er bei Ihnen womöglich bestimmte Fähigkeiten? Nutzen Sie Ihre Freizeit, um an Fortbildungen teilzunehmen. Selbst wenn das alles Sie bei diesem Unternehmen nicht weiterbringt, erkennen Sie irgendwann, dass Sie für diese Stelle viel zu gut sind und finden eine andere, bessere, wo Sie auch geschätzt werden und gut verdienen.

Auch im Fall mit der Schwiegermutter könnte es helfen, sich zu überlegen, was Sie denn im Umgang mit Ihrer Schwiegermutter gänzlich verändern könnten. Ist sie eher eine introvertierte Person, sind ihr Ihre wiederholten Annäherungsversuche höchstwahrscheinlich einfach zu viel. Wenn Sie ihr Zeit und Raum geben, wird sie selbst auf Sie zukommen. Anders wäre es bei einer souveränen Schwiegermutter.

Eventuell empfindet sie Ihre Hilfsbereitschaft als Zeichen dafür, dass Sie die Frau als schwach und hilfsbedürftig sehen. Solche Persönlichkeiten wollen alles in ihrem Leben unter Kontrolle haben und werden lieber selbst gebraucht, als dass sie Hilfe annehmen. Ihre Versuche, sich mit ihr auszusprechen, könnte sie außerdem als Vorwürfe ihr gegenüber ansehen, was Sie dann noch weiter von Ihrem eigentlichen Ziel entfernt. Hier lautet die Devise wieder mal: MACH ES ANDERS! Statt solche Menschen zu umsorgen, fragen Sie vielmehr um deren Hilfe oder Rat.

Ein weiteres Szenario: Wenn Sie Tür an Tür mit Ihren Schwiegereltern wohnen und meinen, dass es zum guten Ton gehört, jeden Tag vorbeizukommen, um „Hallo" zu sagen oder etwas Selbstgebackenes zu bringen, und wenn Sie ihnen draußen begegnen sich verpflichtet fühlen, ein kleines Schwätzchen zu halten. Das wird selbst einem einsamen Menschen zu viel. Ganz im Gegenteil sollten Sie sich vor allem in solchen Wohnverhältnissen rar machen.

Vor Kurzem habe ich mir lustige Tiervideos im Internet angeschaut.

Da hatte ein Hund ein übergroßes Stöckchen im Maul und wollte durch die Haustür. Wahrscheinlich wissen Sie schon, was dann passiert: Da der Stock nicht quer durch die Tür passt, kommt der Hund nicht weiter. Er versteht es jedoch nicht, nimmt Anlauf und versucht es erneut. Dann nochmal und nochmal, bis er aufgibt. Wie bestimmt auch viele andere dachte ich sofort: "Ja, dreh doch den Kopf!" Wir unterscheiden uns in unserem Verhalten manchmal nicht von diesem Hund. Beim Versuch, unsere Ziele zu erreichen, rennen wir wiederholt gegen die Wand, weil wir denken, wenn wir es oft genug versuchen, schaffen wir das. Wie diesem Hund kommt uns oft nicht in den Sinn, unsere Vorgehensweise zu ändern.

Wenn Ihre Bemühungen nicht zu dem gewünschten Ergebnis führen, probieren Sie was anderes aus, dann das Nächste, bis irgendeine Methode wirkt und bleiben Sie bei dieser. "Und was, wenn das Problem ein anderer Mensch ist?" – würde Sie logischerweise interessieren. Dieselbe Antwort: Verändern Sie Ihr eigenes Verhalten. Wie ein ins Wasser geworfener Stein Wellen verursacht, so verursacht Ihre Verhaltensänderung eine andere Reaktion der Menschen auf Sie.

Ein Beispiel: Meine Freundin Anna hat mir mal erzählt, dass schon in ihrer Kindheit das gemeinsame Mittagessen mit ihrer Familie fast jedes Mal mit einem Streit endete. Als sie auszog, um zu studieren, machte sie sich Sorgen, dass ihre Eltern sich trennen werden. Dabei herrschte in ihrer Beziehung sonst Liebe und Harmonie. Das Paar genoss die Zeit zusammen und Gesprächsthemen gingen ihnen nie aus.

Bloß am Mittagstisch war der Vater immer gereizt. Er beteuerte, dass es nicht am Essen liegt. Was es aber dann ist, konnte er nicht erklären.

Auf meine Bitte beschrieb Anna, wie denn das gemeinsame Essen mit ihrer Familie in der Regel abläuft und ich fand nichts Ungewöhnliches. Ich vermutete, dass ihr Vater einfach Schwierigkeiten mit dem Magen hat, wenn er sich beim Essen auf eine Konversation konzentrieren muss. Meine Idee war: Ihre Mutter soll unter Begründung, dass sie Nachrichten hören will, jedes Mal beim Essen Radio einschalten und nur dann mit dem Vater reden, wenn er selbst ein Gespräch anfängt.

Später berichtete mir meine Freundin, dass das sehr gut funktionierte. Gewundert habe ich mich allerdings, als sie erzählt hatte, am Mittagstisch herrsche weiterhin eine angeregte Unterhaltung. Warum es geholfen hat, war mir damals noch rätselhaft. Wenn meine Vermutung richtig wäre, gäbe es nämlich keine Tischgespräche, denn der Vater selbst hätte von sich aus keine Konversation angefangen (vorausgesetzt die Mutter hielt sich an meine Anweisung). Tatsache ist dennoch, ihre Mutter hat ihr eigenes Verhalten geändert, woraufhin der Vater nicht mehr gereizt an Tischgesprächen teilnahm. Anna sagte sogar, dass sie ihn noch nie so gelassen beim Mittagessen erlebt habe.

Erst Monate später kam meine Freundin darauf, was ursprünglich sein Verhalten auslöste. Eines Tages besuchte ihre ganze Familie die Großeltern väterlicherseits. Als alle zum Kaffee und Kuchen an den Tisch gingen, bemerkte Anna, dass ihr Vater wieder angespannt war. Allein zu Hause fragte sie ihren Vater nach dem Grund.

Da fiel es ihm ein, warum er beim Essen immer nervös war: Als er noch bei seinen Eltern lebte, nutzte seine Mutter die Zeit am Mittagstisch dazu, die Kinder auszufragen, ob und was sie bis jetzt erledigt haben, welche Noten sie aus der Schule heimgebracht haben, um sie dann gegebenenfalls auszuschimpfen. Er verstand dann auch, warum er bis vor Kurzem auf die Gesprächsversuche seiner Frau so gereizt reagierte – sein Unterbewusstsein hat nämlich über die Zeit im Elternhaus gelernt, Mittagessen mit einem Verhör und darauf folgender Bestrafung zu verbinden. Jedes Mal, wenn ihn seine Frau am Tisch ansprach, schaltete sich ein Abwehrmechanismus ein und er antwortete ungewollt schärfer, was wiederum seine Frau verständlicherweise als ungerecht empfand und entsprechend reagierte.

Als seine Frau das erste Mal das Radio beim Essen einschaltete, hielt er es nicht für ungewöhnlich und glaubte wirklich, seine Frau sei an den Nachrichten interessiert. Dabei registrierte sein Unterbewusstsein, dass die Aufmerksamkeit von seiner Person abgewandt wurde – die Erwartung eines Verhörs hat sich nicht erfüllt. Er entspannte sich also und hörte ebenfalls zu. Wie gewohnt hat er anschließend seinen Kommentar zu einer Mitteilung gegeben. Daraufhin haben beide angenehme Zeit beim Debattieren zu diesem Thema verbracht. Der Schlüssel war darin, dass sich das Gespräch am Tisch seitdem immer nur um etwas aus den Nachrichten drehte und der Vater nicht mehr das Gefühl hatte, dass es um seine Person gehen könnte. Der Teufelskreis war durchbrochen, nur weil man den gewöhnlichen Ablauf minimal verändert hat.

Noch ein Beispiel gehört hier unbedingt dazu und dieses Beispiel verdeutlicht, dass "mach es anders" praktisch überall anwendbar ist:

Ein Ehepaar hat mich mal um Hilfe gebeten. Nennen wir sie Herr und Frau Widder – passt übrigens sehr gut –, beide sind beharrlich und temperamentvoll. Durch diese Eigenschaften kam es dazu, dass jede Meinungsverschiedenheit zu einem heftigen Streit führte. Ich empfahl ihnen ... nicht etwas an den Streitenden zu ändern, sondern den Ort.

Sobald sie sich wieder uneinig waren, sollten sie nach draußen gehen und nicht stehen bleiben, bis sie alles geklärt haben, bei jedem Wetter. Sie schmunzeln wahrscheinlich auch bei dem Gedanken, dass diese Methode die Fitness der beiden schlagartig verbessern könnte. Sie hat aber auch gegen das eigentliche Problem gewirkt. Wie?

Erstens, um nach draußen zu gehen, musste das Ehepaar in seinem Streit erst mal eine Pause einlegen, was schon mal den ersten Dampf vorwegnahm. Zweitens, gleichzeitig zu gehen und auszuflippen, ist schwierig. Drittens: Frau Widder war es wie vielen von uns wichtig, nach außen hin ausgeglichen zu wirken, weswegen sie sich bemühte, leiser zu sprechen, was wiederum die Schärfe im Gespräch milderte. Und viertens: Herr Widder war kein Fan von körperlicher Betätigung und versuchte jetzt tatsächlich, einen Kompromiss zu finden beziehungsweise lenkte schnell ein, wenn ihm das Beharren auf seinem Recht nicht so wichtig war. Nach einer Weile kam es wegen Kleinigkeiten erst gar nicht mehr zu einem Streit – jeder blieb einfach bei der eigenen Meinung und ließ dem anderen die Seine.

Wir können nicht immer Gründe für das eine oder das andere Verhalten von uns oder unseren Mitmenschen bestimmen und davon ausgehend handeln. Für eine unserer Meinung nach inadäquate Reaktion gibt es immer Gründe und der Auslöser sind nicht immer direkt wir. Aber es könnte ein harmloses Wort oder eine Geste sein, die im Unterbewusstsein einen Knopf betätigt.

Wann es noch hilft, etwas anders zu machen? Manchmal hilft es einfach, Möbel in der eigenen Wohnung umzustellen oder andere, gewagte Dekoration anzubringen, um sich vor Augen zu halten, dass Sie sich entschieden haben, ab jetzt einen neuen Lebensabschnitt zu beginnen.

Diese Veränderungen zu sehen, wird Sie

motivieren, gleich mit voller Energie in den Tag zu starten. Als ich mich entschlossen habe, meinen ersten Mann zu verlassen, habe ich meine langen Haare abschneiden lassen. Das gab mir die Kraft, es auch durchzuziehen. Ich habe diese Methode nicht bewusst angewendet – damals kannte ich sie noch nicht –, es war mir einfach danach. Intuitiv dachte ich, dass das auf irgendeine Weise guttun wird.

Sie könnten aufs Ganze gehen und Ihr Leben komplett umkrempeln, wenn Sie der Meinung sind, dass Ihr Weg bis jetzt gänzlich der falsche war. Wie Sie das umsetzen, erfahren Sie im Kapitel „Wie werden Sie erfolgreich" oder „Ziele stellen und erreichen".

Lernen Sie, flexibler zu sein

Die Welt steht nicht still. Hier meine ich nicht die Drehung unserer Erde. Alles, was uns umgibt, entwickelt sich weiter. Das über die Jahrtausende der Menschengeschichte angesammelte Wissen wird jeden Tag erweitert, neue Technik wird erfunden, auch die Natur verändert sich. Wer da nicht mithält, bleibt auf der Strecke. Neulich in einer Galileo-Sendung wurde erzählt, dass das Miauen der Katzen nur uns Menschen gilt. Denn Katzen haben gelernt, dass wir mit Worten kommunizieren und miauen jeweils auf bestimmte Weise, um uns mitzuteilen, wenn sie ins Haus wollen, Hunger haben oder einfach zur Begrüßung – mein Kater begrüßt mich immer mit einem Miau, doch ich hätte bis vor Kurzem nicht gedacht, dass es angelerntes Verhalten sein könnte.

Sehen Sie sich um, sogar die Tierwelt passt sich an: Da immer mehr Städte gebaut werden, haben die Turmfalken gelernt, in der Stadt zu leben und zu jagen, die Seemöwen haben gelernt, uns unsere Fischbrötchen zu klauen, sogar die winzigsten Organismen – die Vieren – müssen sich anpassen, um fortzubestehen. Deshalb mutieren sie oder entwickeln Resistenzen.

Jedes Lebewesen muss sich an sich ändernde Umgebung anpassen. Erfolgreiche Menschen wissen das und haben gelernt, sich an die Gegebenheiten jederzeit neu einzustellen. Der technische Fortschritt verlangt von uns neue Fertigkeiten. Man muss auch bereit sein, etwas dazuzulernen oder sich anderes abzugewöhnen.

Ob im globalen Maßstab oder bei kleineren Vorkommnissen, tun wir uns Gutes, wenn wir gelassen bleiben und lösungsorientiert denken. Für meinen Mann ist es zum Beispiel eine Katastrophe, wenn jemand einen Termin mit ihm kurzfristig absagt oder sich verspätet. Wenn mir das passiert, denke ich eher daran, dass ich gerade Zeit dafür gewonnen habe, die Wäsche zu machen oder ein Entspannungsbad zu nehmen. Er dagegen schimpft und ist schlecht gelaunt.

Ich verspäte mich zu meinen Terminen extrem selten und wenn, dann nur wenige Minuten. Doch steht uns ein gemeinsamer Termin bevor, weiß ich, dass es stressig wird. Deswegen versuche ich, noch lange vor der angesagten Losfahrzeit mit allen Vorbereitungen fertig zu werden.

Am Anfang unserer Beziehung war es sogar noch schlimmer: Er kam zu unseren Dates immer 15 - 20 Minuten früher. Anstatt zu klingeln und in meine Wohnung hineinzugehen, saß er im Auto und las im Handy, um dann pünktlich vor meiner Tür zu stehen. Anfangs fand ich das rührend ... bis ich gemerkt habe, dass das ein Zwangsverhalten ist. Wenn er zu einem Termin fahren musste, wurde man angeschnauzt, sollte man es gewagt haben, ihn nach etwas zu fragen. Mein Mann war selbst dann noch hektisch, wenn alles nach Zeitplan lief, fuhr aggressiv und war kurz angebunden. Er beruhigte sich erst, wenn wir vor Ort waren. Vor allem in Deutschland haben Menschen verlernt, flexibel zu sein. Termin und Leistungsdruck dieser Gesellschaft hinterlassen Spuren. Alles ist stündlich, schon Wochen vorausgeplant. Ihnen muss aber bewusst sein, dass starre Gewohnheiten Stress verursachen können, weil man nicht darauf eingestellt ist, dass etwas nicht nach

Plan laufen könnte.

Um lockerer zu werden, müssen Sie sich die erste Zeit bewusst vorstellen, was wäre wenn ... Nehmen Sie einen Termin nach dem anderen in Ihrem Planer und fragen Sie sich, was wäre das Schlimmste, wenn der andere Teilnehmer den Termin absagt oder einfach nicht erscheint?

Für gewöhnlich ist es nur mit dem Aufwand verbunden, einen neuen Termin mit dieser Person zu vereinbaren. Ja, man ärgert sich ein wenig, wenn es eine schöne Unternehmung gewesen wäre, wie zum Beispiel ein Kinobesuch oder es juckt einen, dass der andere nicht Bescheid sagte, also nicht den erwarteten Respekt erwiesen hat (und wieder sind wir bei Erwartungen!). Selten sind tatsächlich schlimmere Folgen zu erwarten. Wir sollten immer vor Augen halten, dass unsere Gesundheit und unser Seelenheil zu wertvoll sind, um uns wegen dieser Kleinigkeiten aufzuregen. Sobald Sie daran denken, werden Sie sich entspannen und auch zukünftig nicht mehr so gestresst sein. Außerdem kommen im Leben verschiedene Gegebenheiten vor, unsere Mitmenschen können manchmal nichts dafür und werden uns bei Gelegenheit alles erklären.

Um auf plötzliche Änderungen in Ihrem Leben nicht so stark zu reagieren, müssen Sie etwas unternehmen. Suchen Sie zunächst nach einer Alternative für das ins Wasser gefallene Vorhaben. Am besten etwas, was genauso viel Freude bereitet oder eine sinnvolle Aufgabe. Wenn Sie mit der Zeit Übung darin haben, erscheinen Ihnen ausgefallene Termine oder misslungene Unternehmungen als eine Nichtigkeit oder sogar als eine Chance, etwas anderes, viel Besseres zu tun oder zu erleben.

Entstehen mit dem geplatzten Termin Geldeinbußen, ist Ihre Empörung verständlich. Doch bringt es wiederum nichts, sich darüber zu ärgern. Sie müssen Schadensbegrenzung betreiben und Emotionen stören bei der Suche nach Lösungen.

Sehen Sie das als eine Herausforderung und nicht als ein Problem. Der Unterschied? Denken Sie an Probleme, ist Ihr Verstand geneigt, das Verpasste zu beweinen oder Energie auf nutzlosen Ärger zu verschwenden. Ist es für Sie eine Herausforderung, suchen Sie automatisch nach Lösungen und Emotionen treten in den Hintergrund.

Um die Fähigkeit, flexibel zu sein und sich anzupassen, zu perfektionieren, braucht es Zeit, Übung und Bereitschaft, Neues zu lernen.

„Wie werden Sie erfolgreich" oder „Ziele stellen und erreichen"

Globale Veränderungen im Leben sowie große Ziele sind für gewöhnlich sehr schwer zu bewältigen und brauchen Planung, Zeit und Geduld. Das ist jedem klar und genau deswegen schrecken viele davon ab. Keine Angst. Sie haben das Zeug dazu! „Schritt für Schritt" ist hier das Motto. Denken Sie an das Gewünschte. Wenn erforderlich, holen Sie sich Informationen ein, um das Ziel und die einzelnen Schritte genau zu kennen.

Erstellen Sie einen sehr detaillierten Zeitplan. Stellen Sie sich für jeden Tag erreichbare Zwischenziele und machen Sie am Ende eines Tages die Bilanz: "Was habe ich heute geschafft?" Es ist sehr wichtig, das Vorgenommene diszipliniert zu erarbeiten. Denn wenn Sie sich auch nur einmalig genehmigen, auch nur kleinere Aufgaben auszulassen, kommt bald die Versuchung, dem inneren Schweinehund nochmal nachzugeben. Und dieser gemeine Saboteur besitzt die Fähigkeit, uns von unserem Vorhaben gänzlich abzubringen.

Behalten Sie Ihr Ziel immerzu im Hinterkopf. Gelegentlich trifft man nämlich auf Werbung oder Menschen, die einem einen leichteren Weg zum selben Ziel aufzeigen. Eine gute Idee kann Ihnen auch kommen, während Sie sich einen Film oder eine Reportage ansehen.

Ebenfalls hier könnten Sie den Rat anwenden, etwas anders zu machen. Vielleicht verändert ein komplett neuer Stil Ihre Einstellung zu sich selbst. Der Spruch "So wie ich mich fühle, so sehe ich auch aus" gilt genauso andersherum. Sie haben bestimmt schon mal einen sogenannten Wuschelkopf gesehen und dachten sich dabei, diese Person muss zerstreut sein. Und was kommt Ihnen in den Sinn bei einem Mann mit etwas längeren Haaren und einem Flanellhemd über der Sporthose? So reagieren Sie auch auf Ihr eigenes Aussehen! Bloß, dass Ihr Aussehen dabei Ihre Gefühlswelt beeinflusst.

Gehen Sie zum Haarstylisten und lassen Sie sich etwas Neues, Fesches verpassen. Das muss nicht in grellen, bunten Farben leuchten. Aber eine Farbveränderung könnte Sie interessanter aussehen lassen – kein graues Mäuschen mehr, sondern eine freche Rothaarige oder entschlossene Brünette mit kurzem modernem Haarschnitt ... Wenn Sie sich so im Spiegel sehen, wird es für Sie ein Leichtes sein, sich auch so zu verhalten. Besuchen Sie danach ein Modegeschäft und vollenden die Verwandlung.

Erinnern Sie sich an den "nicht pinkfarbenen Affen".

Ja, auch bei der Formulierung Ihrer Ziele müssen Sie diese Eigenart unseres Gehirns berücksichtigen – Ihre Ziele müssen positiv formuliert werden und präzise ausgedrückt werden.

Wenn Sie aufhören wollen zu rauchen, sollte der Auftrag an Ihren Willen nicht heißen: "Ich höre auf zu Rauchen." – selten kann wer von heute auf morgen mit seiner Sucht fertigwerden.

Der Großteil von uns muss die Abgewöhnung in kleineren Schritten durchführen. Wiederum reicht es nicht zu sagen: "Ab morgen werde ich weniger rauchen." Eine feste Mengen- und Zeitangabe muss her. Wenn Sie 20 Zigaretten am Tag rauchen, sollten Sie sich vornehmen, in der ersten Woche nur noch 18 Zigaretten zu rauchen. Dabei ist es wie mit den Gedanken an alte Fehler. Es genügt nicht, sich das nur vorzunehmen.

Alternatives Verhalten muss überlegt werden. Haben Sie 20 Zigaretten mit in der Schachtel, kommt in unerwarteten Stresssituationen der Gedanke auf: "Ich habe es verdient" oder etwa "ich rauche jetzt doch noch die 19. und ab morgen halte ich mich an meine Vorsätze". Sie sollten gleich am Morgen nur 18 Zigaretten in der Schachtel lassen und den Rest wegräumen, sodass es umständlich ist, sie herauszuholen. Überlegen Sie sich hierfür ebenfalls eine alternative Handlung für Stresssituationen. Das sollte aber kein neues Laster sein, wie Süßigkeiten oder etwas zu essen, und natürlich sollte man das Verlangen schon gar nicht mit anderen Suchtmitteln stillen, wie zum Beispiel Alkohol.

Freunde und Verwandte mit ins Boot holen. Unterstützung Ihrer Mitmenschen kann Ihnen einiges erleichtern. Ein Freund oder eine Freundin könnte mit Ihnen öfter spazieren beziehungsweise joggen oder in ein Fitnessstudio gehen, wenn Sie sich entsprechendes Ziel gesetzt haben. Erstens werden Sie dabei mehr Spaß haben, zweitens hilft es Ihnen, Ihren inneren Schweinehund zu überwinden. Und wenn das faule Tierchen dennoch gewinnt, könnte Ihr Sportpartner Ihnen einen symbolischen Tritt in den Allerwertesten verpassen.

Auch bei größeren Vorhaben, wie ein Studium oder berufliche Neuorientierung, fordert und fördert einen ein Freund, der das Gleiche schaffen will.

Möchten Sie Ihr Problem nicht in Ihrem Bekanntenkreis offenlegen, könnten Ihnen pfiffige Ideengeber in einer Selbsthilfegruppe oder in einem Onlineforum mit Rat und Tat zur Seite stehen. Vielleicht finden Sie da auch Mitstreiter.

In vereinzelten Fällen ist es trotzdem notwendig, dass unsere Mitmenschen mitziehen. Versucht beispielsweise ein unter Alkoholabhängigkeit leidendes Familienmitglied seiner Sucht Herr zu werden, muss aus dem ganzen Haus jeglicher Alkohol verschwinden oder gut versteckt werden. Natürlich müssen alle Familienmitglieder auf Alkohol verzichten, zumindest wenn der Betroffene anwesend ist.

Damit Ihr Leben lebenswerter ist

M enschen sind selten zufrieden mit dem, was sie haben. Im Normalfall ist es gut, weil es sie dazu antreibt, mehr anzustreben und dafür hart zu arbeiten. Im Normalfall! Einzelne sind in der Opferrolle gefangen und bemitleiden sich selbst, statt tätig zu werden. Viele konzentrieren sich darauf, was ihnen als Kind oder auch schon als Erwachsener angetan wurde und wer daran schuld ist. Als Folge entwickeln sie die Neigung, jemanden für ihre Probleme verantwortlich zu machen, statt aktive Schritte zu unternehmen, um das Problem zu lösen.

Hören Sie nicht auf, nach Wegen zu suchen, Ihre Lebensqualität zu verbessern. Auch wenn wir jetzt vom schlimmsten Fall ausgehen und Sie würden sagen, dass mehr Elend in Ihrem Leben herrscht, als es gute Tage gibt, werden Sie staunen, was sich alles verändert, sobald Sie einen oder mehrere Ratschläge aus diesem Buch befolgen.

Verleihen Sie Ihrem Leben eine Bedeutung:

Es gibt so viele Menschen und Tiere, die in Not sind. Sie werden sich besser fühlen, wenn Sie sich gebraucht fühlen. Vielleicht wird es Ihnen helfen, sich die Geschichten der Hilfesuchenden anzuhören. Womöglich werden Sie einsehen, dass einige dieser Menschen schlimmere Schicksalsschläge erlitten haben und Sie es noch ziemlich gut haben.

Andere wiederum waren am Boden zerstört, haben sich aufgerappelt und sind mit neuer Entschlossenheit durchgestartet. Das könnte Sie dazu motivieren, mehr aus Ihrem Leben zu machen. Aufgrund ihrer Erfahrungen haben solche Menschen viel Verständnis für Lebenslagen anderer und helfen einem gern mit guten Tipps. Denken Sie an solche Sportler wie Markus Rehm, Marieke Vervoort oder Tatyana McFadden. Sie verloren Gliedmaßen oder sind an den Rollstuhl gefesselt und haben sich trotzdem oder genau deswegen entschieden, mehr aus ihrem Leben zu machen.

Ich kenne noch eine Frau im Rollstuhl. Ihr Name ist Nina. Sie ist noch nicht besonders alt, kann aber nicht arbeiten und bekommt Invalidenrente. Ein anderer an ihrer Stelle würde sich mit der Situation abfinden und seine Tage damit fristen, vor dem Fernseher auf der Couch zu liegen oder täglich alle Bekannten und Verwandten mit stundenlangen Telefongesprächen zur Last zu fallen. Nein! Nina hat nach einer Alternative für sich gesucht. Sie beschäftigte sich schon immer gern mit Zimmerpflanzen. Sie züchtet Usambaraveilchen und hat ein Händchen für Orchideen. Sie hat es sich zum Ziel gemacht, das Leben anderer schöner zu machen. Wenn sie wieder genug Pflanzen gezogen hat, bringt sie diese mit Hilfe von ein paar ehrenamtlich Engagierten in ein Hospiz, verteilt sie da und redet mit den Betroffenen, die sich einsam fühlen. Ich wette, diese Frau fühlt sich nicht minderwertig!

Immer wieder treffen wir im Internet sowie auf Postkarten auf Aussagen wie: „Du hast Schmerzen. Freu Dich – Du lebst". Ich formuliere das mal um in: „Sie haben ein Problem. Freuen Sie sich – Sie leben." Das soll Ihnen lediglich verdeutlichen, dass jeder Einzelne ohne Ausnahmen auf Schwierigkeiten trifft, und zwar sein Leben lang. Doch mit wie vielen Menschen ich auch gesprochen habe, sie alle sagen: „Ich würde mit keinem tauschen". Was für ein Päckchen jeder von uns zu tragen hat, erfährt man erst, wenn man denjenigen näher kennenlernt.

Sehen Sie sich sogar die Reichen dieser Welt an. Die meisten von ihnen finden keine aufrichtige Liebe, weil sie von geldgeilen, berechnenden Individuen umgeben sind. Und wenn sie sie gefunden haben, können nur wenige sich fallen lassen, denn sie haben immer im Hinterkopf, dass der (die) Geliebte in Wirklichkeit hinter ihrem Geld her ist.

Oder die Hollywood-Stars: Wer Klatsch-Reportagen schaut, kriegt mit, dass viele Berühmtheiten in Drogen- und Alkoholabhängigkeit abrutschen oder in Klapsmühlen landen. Das passiert bestimmt nicht, weil sie alle ein so tolles Leben haben. Glauben Sie mir, Ihr Leben hat das Potenzial, um für Sie zu einem tollen Leben zu werden. Sie müssen es nur ein wenig umgestalten.

Eine Frage der Wahrnehmung

Als ich mit meiner Tochter schwanger war, musste ich für die letzten drei Monate ins Krankenhaus und durfte nicht mehr aus dem Bett. Für mich, eine aktive Person, die selbst die Werbeunterbrechungen dazu nutzt, mal schnell was im Haushalt zu machen, ist schon ein Tag Untätigkeit schlimm, aber drei Monate ... und dabei nicht mal aufstehen oder sich im Bett hinsetzen dürfen!

Das war undenkbar! Außerdem vermisste ich meinen Mann und meinen damals sechsjährigen Sohn. Die ersten Tage habe ich nur noch geheult. Meine

Zimmernachbarin hat nachts fürchterlich geschnarcht und hat tagsüber durchgehend Besuche empfangen oder telefoniert. Ich konnte also zu keiner Zeit schlafen, was meinen Zustand noch verschlechterte. Jede Woche bekam ich eine neue Zimmernachbarin. Entweder eine ältere Dame oder eine Hochschwangere.

Beide Gruppen neigen dazu zu schnarchen. Es war Winter und viele von ihnen waren erkältet, was die nächtliche Störung noch wahrscheinlicher machte. Meine Wehen wurden dadurch immer stärker und das machte mich zusätzlich fertig, weil ich Angst um meine ungeborene Tochter hatte. Ich machte mir Schuldgefühle, dass mein Mann mit der Arbeit und der Sorge für meinen Sohn überlastet ist – meinen, weil aus der ersten Ehe. Unsere Hündin tat mir leid, weil mein Mann nur wenig Zeit hatte, um mit ihr Gassi zu gehen und sie meistens die ganzen Tage in der Wohnung verbringen musste. So trieb ich mich selbst immer mehr in Depression hinein. Bis eine ältere, mit Zwillingen Schwangere mir sagte:

„Für Schuldgefühle hast Du keinen Grund, denn selbst wenn Du diese Komplikation selbst verschuldet hättest, hättest Du das nicht mit Absicht getan. Dein Mann schlägt sich bisher doch ganz gut. Und er weiß, wie wichtig es für euer Kind ist, dass Du hier bleibst.

Er würde jetzt bestimmt nicht mit Dir tauschen wollen, also hör auf, Dir wegen ihm Vorwürfe zu machen. Außerdem weißt Du, dass Du mit dem ständigen Weinen die Wehen verstärkst – es wird Zeit, damit aufzuhören. Genieße die Tage hier. Du musst weder kochen noch waschen. Dir wird alles gebracht. Schau fern, spiele online oder lies Bücher beziehungsweise lerne für deine Prüfungen.

Was Du tun kannst, damit Dein Baby überlebt, ist sehr einfach und Du hast es in der Hand. Ich dagegen kann nichts machen, außer zu hoffen – der zweite, kleinere von meinen Zwillingen ist unterversorgt, wurde schon zwei Mal im Mutterleib operiert und könnte behindert zur Welt kommen oder sterben! Denk nach: Das Schlechte ist, Du musst drei Monate untätig da liegen. Das Gute ist, es sind erstens NUR DREI MONATE und zweitens bekommst Du ein gesundes Töchterchen!"

Ganz ehrlich, ich habe mich für meinen Kleingeist geschämt. Wenige Monate später habe ich gemerkt, dass ich auf schwierige Situationen im Leben insgesamt gelassener reagierte. Diese Erfahrung hat mich gestärkt.

Durch den ständigen Wechsel der Bettnachbarinnen hatte ich mit vielen verschiedenen Charakteren zu tun. Auch Stationsschwestern sind nicht alle nett und zuvorkommend. Ich konnte nicht da raus und musste gezwungenermaßen lernen, damit umzugehen. Seitdem kam es nicht mehr vor, dass ich in einer schwierigen Lage in Panik geraten bin. Auch wenn ich auf schlechtgelaunte Menschen treffe, die meinen, ihr Ego aufhübschen zu müssen, indem sie mich beleidigen oder sonst wie versuchen, mich schlecht zu machen, lässt es mich kalt.

Glauben Sie mir, jede Erfahrung, auch die schlechteste, macht Sie stärker! Entscheidend ist nur, wie Sie sie wahrnehmen – als „das Ende der Welt" oder als eine Herausforderung. Verkriechen Sie sich oder krempeln Sie die Ärmel hoch und beweisen allen, dass Sie etwas Besseres sind. Achtung! Sich für besser als die (meisten) anderen zu halten, ist keine Verfehlung. Das ist eine gesunde Einstellung. Die anderen wollen und sollten das nur nicht unbedingt hören.

Gesundes Selbstwertgefühl – die Lösung für viele Probleme

Wie schon im Kapitel „Wenn andere Sie verurteilen" erwähnt, bräuchten Sie die darin beschriebenen Ratschläge gar nicht, wenn Sie ein starkes Selbstbewusstsein haben. Genauso verhält es sich in vielen anderen Fällen. Wenn ein Arbeitskollege oder jemand aus Ihrem Wohnort Gerüchte über Sie verbreiten würde, würde das Sie nicht jucken. Freunde zu finden, wäre für Sie auch nicht schwer, denn Menschen mit Selbstvertrauen können ohne Unbehagen Personen in ihrem Umfeld, aber auch Fremde ansprechen.

Diese Fähigkeit erleichtert einem auch den beruflichen Aufstieg, denn man sitzt nicht nur mäuschenstill hinter seinem Schreibtisch und hofft, nicht angesprochen zu werden oder gar eine Aufgabe auferlegt zu bekommen, die sein Können womöglich übersteigt ... Nur eine Bemerkung am Rande: Damit bietet Ihnen Ihr Vorgesetzter die Chance, sich zu entwickeln, ihm zu zeigen, ob Sie für eine höhere Stelle geeignet sind.

So können Sie Ihr Selbstwertgefühl stärken: Selbstkritik ist tabu. Sie stört Sie dabei, aktiv zu werden. Mehr noch – sie schadet. Sie schadet Ihrer Psyche, weil Sie sich quälen, wenn Sie sich Ihre alten Fehltritte vorwerfen. Sie schadet Ihrem Selbstvertrauen und wenn Sie an Ihren Entscheidungen zweifeln und es nicht mehr wagen, etwas Neues auszuprobieren, können Sie nicht erfolgreich sein.

Der Umgang mit eigenen Fehlentscheidungen will gelernt sein. Jeder macht Fehler und ich wage es zu behaupten, dass erfolgreiche Menschen sie sogar öfter machen als diejenigen, die vor Selbstzweifel sich nicht aus ihren vier Wänden trauen und weil sie ihre ganze

Zeit mit Selbstmitleid beschäftigt sind, haben sie kaum noch Zeit und Energie mehr, um was Sinnvolles anzufangen.

Der Erfolgreiche hat keine Angst, Fehler zu machen, weil er lösungsorientiert denkt. Er verschwendet nicht seine Zeit damit, sich zu beschuldigen, sondern merkt sich, was er nächstes Mal anders machen sollte und sucht nach Mitteln und Wegen, um immer noch das Beste aus der Situation herauszuholen. Vergessen Sie außerdem nicht: Jeder Fehler zeigt uns, was wir machen können, um noch besser zu werden.

Denken Sie auch an die oben erklärten Methoden. Zum Beispiel wollen Sie aufhören, sich mit den wiederkehrenden Gedanken an die Fehler der Vergangenheit zu quälen, dann sollte Ihre Devise nicht lauten: "Ich denke an die früheren Fehler nicht mehr". Mindestens sollte sie heißen: "Ich vergesse die früheren Fehler" (positive Formulierung) und noch besser (ein Schritt weiter), wenn Sie sich für solche Fälle eine Alternative überlegen. Beispielsweise könnten Sie sich vornehmen zu singen, wenn sich Ihre Gedanken wieder in Ihrer Biografie verirren. Oder eine Freundin anrufen. Ein Kreuzworträtsel tut es auch.

Menschen verbinden gepflegtes Aussehen mit erfolgreichen, intelligenten und sich selbst schätzenden

Persönlichkeiten. Immer, wenn ich vor einem Termin nervös bin, nehme ich mir davor viel Zeit, um mich besonders hübsch zu machen. Das mache ich nicht, um mein Gegenüber zu beeindrucken und es geht mir dabei nur zum Teil um Schönheit, sondern es gibt mir mehr Selbstvertrauen, eben aus dem oben genannten Grund. Nehmen Sie sich vor, immer gepflegt und gut angezogen zu sein. Dementsprechend werden Sie auch behandelt!

Natürlich macht uns nicht nur unser Aussehen aus oder macht uns beliebt. Es trägt eher einen geringen Teil dazu bei und hilft uns lediglich, dass das erste Kennenlernen zustande kommt. Danach müssen wir mit unseren inneren Werten glänzen. Überzeugen wir hier nicht, können wir auch wie Deutschlands nächstes Supermodel aussehen, werden wir die neuen Bekannten nicht für uns gewinnen können. Deshalb hier die Fortsetzung meiner Geschichte vom Mobbing in der Schule:

Ich ging am nächsten Tag zur Volkshochschule und schaute mir die Kursangebote an. Ich besuchte Nähkurse, bis ich mir die Grundkenntnisse angeeignet hatte und ein paar Kleidungsstücke genäht habe. Fast parallel dazu verbrachte ich einige Zeit bei Nina, die mir dann das Stricken beigebracht hat. Abends vor dem Einschlafen las ich psychologische Ratgeber oder lernte Sprachen – momentan beherrsche ich zwei Sprachen beinahe perfekt, in einer weiteren kann ich mich gut unterhalten und der Kenntnisstand in der vierten ist zurzeit mangels Gebrauch unklar.

Nach dem Schulabschluss finanzierten mir meine Eltern eine sechsmonatige Ausbildung als Masseurin und ein Jahr an einer Kochschule. Den Friseurkurs habe ich nach einem Monat abbrechen müssen, da meine Schultern das ständige Hochhalten der Arme nicht aushalten konnten. Dennoch reichte es, um meine eigene Familie und ein paar Freunde zu frisieren.

Bis heute noch kann ich all das!

Menschen könnten viele Schicksalsschläge erleiden, man könnte sie ausrauben oder ihnen wird gekündigt ... Das ist alles nicht so schlimm, wenn sie sich viele nützliche Fähigkeiten angeeignet oder einige perfektioniert haben ... Niemand kann Ihnen Ihr Wissen und Ihre Talente wegnehmen. Je besser Sie eine Tätigkeit beherrschen oder je mehr Bereiche Sie abdecken, desto mehr Chancen haben Sie, in kürzester Zeit einen anderen Job zu finden. Auch den Menschen in Ihrer Umgebung könnten Sie dienlich sein, was wiederum Ihren Wert in ihren Augen steigert.

Diese Gewissheit stärkt dann Ihr Selbstwertgefühl und Sie können mit vollem Recht sagen, dass Sie etwas Besseres sind. Und wenn Sie zu all dem einen netten Charakter besitzen, stehen Ihnen alle Türen offen.

Ich wünsche Ihnen viel Erfolg!

Herstellung und Verlag:

BoD – Books on Demand, Norderstedt

ISBN: 9783753459592

1. Auflage

Kontakt: Psiana eCom UG/ Berumer Str. 44/ 26844 Jemgum

Covergestaltung: Fenna Larsson

Coverfoto: depositphotos.com